100 blagues! Et plus...
N° 27

Blagues et devinettes
Faits cocasses
Charades

Illustrations :
Dominique Pelletier

Éditions
SCHOLASTIC

100 blagues! Et plus...
N° 27
© Éditions Scholastic, 2011
Tous droits réservés
Dépôt légal : 1er trimestre 2011

ISBN 978-1-4431-0680-1
Imprimé au Canada   117

Éditions Scholastic
604, rue King Ouest
Toronto (Ontario)
M5V 1E1
www.scholastic.ca/editions

Un chien policier de l'État de l'Idaho, aux États-Unis, a été mis en congé forcé pendant quelques semaines après avoir attaqué un chien plus petit que lui. Le berger allemand, au service de la police depuis plus de quatre ans, a dû aussi se remettre à l'entraînement...

Mon premier sert à transporter les achats.

Pour éviter qu'ils s'échappent, on met les animaux dans mon deuxième.

Mon troisième est la 7ᵉ lettre de l'alphabet.

Mon tout signifie détruire.

QUE DIT UN CHEVAL QUI N'ENTEND PAS?

RÉPONSE : LA MÊME CHOSE QU'UN CHEVAL QUI ENTEND. HIII!

Un ours noir chez le pâtissier!
En Ontario, le propriétaire d'une
pâtisserie a reçu la visite d'un client
bien spécial. Un ours noir s'est
introduit dans son établissement où il a
dégusté quelques bons biscuits avant
de prendre la fuite.

Mon premier sert à lever des matériaux sur le chantier.

Mon second se trouve par milliers dans le dictionnaire.

Mon tout est dans la sauce quand on l'a ratée.

La famille Gagnon roule sur une autoroute déserte vers 22 heures.

- Maman, est-ce que c'est une forêt boréale qu'on voit là-bas?

- À cette heure, je dirais plutôt que c'est la Forêt Noire...

En juillet 2009, 78 tortues ont décidé d'aller faire une petite promenade sur les pistes de l'aéroport John F. Kennedy, à New York. Alertés par des pilotes, les employés de l'aéroport ont vite remis les reptiles dans leur habitat.

QUEL EST LE COMBLE DE LA
TRISTESSE POUR UN ICEBERG?

RÉPONSE : C'EST DE FONDRE EN
LARMES.

Mon premier est un autre
mot pour chevreuil.

Mon second est l'organe
de l'odorat.

Mon tout décrit des yeux
fatigués.

Un père ramène son fils à la maison après sa sortie avec les scouts.

- De quoi avez-vous parlé ce soir?

- D'insectes... pendant toute la soirée!

- Toute la soirée! Alors, dis-moi ce que tu as appris.

- J'ai appris qu'il y a deux sortes d'insectes : ceux qui piquent et ceux qui ne piquent pas...

Le livreur de pizza arrive devant la maison d'Antoine, qui est gardée par un gros chien. À la vue du livreur, le chien se met à japper et à montrer les crocs.

- Venez! Il ne faut pas avoir peur, dit Antoine.

- Est-ce qu'il mord, ton chien? questionne le livreur.

- De temps en temps, mais rassurez-vous, il n'a pas la rage...

QUEL EST LE MEILLEUR MOYEN D'EXERCER SA PATIENCE?

RÉPONSE : C'EST DE TRIER SES BLEUETS AVEC DES MITAINES.

Jeannot s'entraîne pour une course de vélo.
Il pédale à toute vitesse, mais il vente
très fort. Lorsqu'il arrive à la maison,
sa mère lui dit :
- Pédaler ainsi avec le vent en pleine
face… Tu dois être épuisé!
- Comment sais-tu que j'avais le vent
dans la face?

Entre la science et le bon sens...

Un chirurgien explique à une femme qu'il est possible de tenter une greffe du cerveau pour sauver son mari qui a été victime d'un accident grave.

- Si vous le souhaitez, je peux faire une greffe du cerveau, mais je ne peux pas garantir le résultat. De plus, l'opération est à vos frais. C'est 1000 $ pour un cerveau humain et 10 000 $ pour le cerveau de l'animal de votre choix.

- Comment ça? Les cerveaux humains sont moins chers! Je ne comprends pas... lance la femme.

- C'est pourtant simple, madame, les cerveaux d'animaux n'ont pas servi beaucoup comparativement aux cerveaux humains...

La poutine originale, composée de frites,
de sauce brune et de fromage en grains,
a été inventée dans les années 50.
Elle a beaucoup évolué depuis!
Aujourd'hui, il existe des dizaines de
sortes de poutine : la poutine italienne
et la version mexicaine, la poutine aux
crevettes, celle au bacon ou au foie
gras, la poutine hot dog et la toute
garnie, qui contient à peu près tout
ce qu'il y a dans votre frigo!

14

Ce sont les autochtones qui ont fait goûter le maïs soufflé aux Français. Ceux-ci, trouvant que les grains éclatés s'épanouissaient comme des fleurs, appelaient ce mets étrange « blé fleuri ».

- Papa, je me sens tellement fatigué, dit Pascal. Je vais peut-être avoir un rhume. Je ne veux pas aller à l'école aujourd'hui...

- Est-ce que tu aurais un test par hasard? demande son père.

- Non, seulement la routine habituelle... Si tu dis oui, je te promets de rester au lit toute la journée.

- Alors c'est oui, mais c'est vraiment dommage. J'avais pris congé pour t'emmener au zoo...

Mon premier est l'antonyme
de froid.

Mon second est un conifère.

Mon tout est le nom d'un
grand compositeur.

QUE DIT LE FERMIER À UNE POULE QUI REFUSE DE PONDRE?

RÉPONSE : VA TE FAIRE CUIRE UN ŒUF!

QUEL EST LE PLUS BEAU COMPLIMENT POUR UN BIJOUTIER?

RÉPONSE : SE FAIRE DIRE QU'IL A UN CŒUR D'OR.

VRAI OU FOU?

1- Jaboter est ce que font les oiseaux lorsqu'ils piaillent et chantent.

2- La coucoumelle est la femelle du coucou.

3- Un cochet est un jeune coq.

Il y a 293 façons de faire
la monnaie de un dollar.

Au cinéma, une affiche indique que l'entrée est gratuite pour les enfants de moins de six ans.

- Fred, si on te demande ton âge, dis que tu as cinq ans, d'accord? déclare sa mère.

- Mais ce n'est pas vrai! J'ai six ans!

- Je comprends, mais c'est seulement pour entrer. Dès que nous quitterons le cinéma, tu auras de nouveau six ans. Compris?

- Compris, dit le garçon.

Au guichet, l'homme demande :

- Quel âge as-tu, mon petit?

- J'ai cinq ans.

- Tu es grand pour ton âge! Quand auras-tu six ans?

- Dès que nous sortirons du cinéma, monsieur...

Catherine trébuche sur un bout de bois et tombe à quatre pattes sur le pavé.

- Ne me dis pas que tu n'avais pas vu cet immense bout de bois. Tu as sûrement besoin de lunettes! lui dit sa mère.

Le lendemain...

- Regarde devant toi et dis-moi ce que tu vois sur le mur, dit l'optométriste.

- Je vois une araignée, qui descend sur son fil.

- Aaah! Aaah! Où ça?

- Vous ne la voyez pas? Il vous faut des lunettes, madame!

Un joaillier a fabriqué une magnifique
boule de Noël avec 500 diamants
et 188 rubis. Il lui a même
donné un nom : Babiole.
Son prix : près de 150 000 $!

Mon premier est ce que produit l'eau mélangée à la terre.

Mon second est une note de musique.

Mon tout sert à s'orienter.

Vers la fin du Moyen Âge, les femmes se concoctaient des masques avec, par exemple, de l'amidon, de l'argile, du lait d'ânesse et du miel. Les nobles se fabriquaient aussi des onguents, notamment avec du sang d'animaux sauvages... Et pourquoi ne pas y ajouter un peu de bave de limace et de la pâte de fourmis pendant qu'on y est?

En Alberta, en 2006, il y avait
tellement de chantiers de construction,
surtout à Calgary, qu'il y a eu une
pénurie de toilettes portables!

Mon premier est la 1re consonne de l'alphabet.

Mon second est un sens.

Mon tout est une gaffe.

Réjean passe sa commande au restaurant...

- J'aimerais avoir deux cheeseburgers avec bacon et une grosse poutine extra fromage... et des oignons aussi! Comme boisson, je prendrais bien un grand verre de jus de pomme, s'il vous plaît.

- Voulez-vous un petit dessert avec ça?

- Vous vous moquez de moi! Vous me prenez pour un glouton! C'est ça?

- Que veux-tu comme cadeau d'anniversaire? demande un père à sa fille de 12 ans.

- Cette année, j'aimerais quelque chose de cher, un cadeau important, qui me servira toute ma vie.

- Je sais exactement ce que tu veux! Viens, on va chez le dentiste.

Un singe entre dans un café et commande un morceau de pain aux bananes. Il donne un billet de 10 $ au serveur.

- On ne voit pas souvent de singes ici, commente le serveur en lui rendant un billet de 5 $.

- Pas étonnant! Au prix où vous vendez votre pain aux bananes!

Une étudiante en histoire de l'art est entrée dans l'Histoire alors qu'elle visitait un grand musée de New York. En tombant, elle a fait une déchirure de 15 cm dans une célèbre toile de Picasso!

Au Bangladesh, le gouvernement
a décidé de limiter l'usage de
la climatisation dans les édifices
afin d'économiser l'énergie. Par
conséquent, les travailleurs ont été
invités à porter des vêtements plus
légers pour se rendre au travail.
Fini les vestons! Fini les cravates!

Une vache et un citron s'apprêtent à cambrioler une banque. Le citron dit :

- Pas un zeste! Je suis pressé!

La vache beugle :

- Que personne ne bouse!

Mon premier est un rongeur.

Mon deuxième est un endroit aménagé pour recevoir les navires.

Mon troisième est une syllabe du mot hystérique qui est aussi dans le mot détérioré.

Mon tout est impoli.

QUELLES SONT LES LETTRES LES PLUS
DIFFICILES À JOINDRE?

RÉPONSE : O Q P (OCCUPÉ)

QUELLES SONT LES LETTRES LES PLUS
DÉPENSIÈRES?

RÉPONSE : H E T (ACHETÉ)

Mon premier est la 3ᵉ voyelle
de l'alphabet.

Dans ton lit, tu dors entre deux
de mon deuxième.

Mon troisième est une syllabe
du mot tabou qui n'est pas dans
boulanger.

Mon quatrième est le verbe
scier au présent de l'indicatif
et à la 1ʳᵉ personne du pluriel.

Mon tout est nécessaire lors
d'une activité physique.

QUELLES LETTRES SONT PLUS
INTÉRESSANTES À REGARDER QU'À LIRE?
RÉPONSE : TV

NOMMEZ LES LETTRES HYPERACTIVES.
RÉPONSE : A J T (AGITÉ)

- Tu pourrais nous aider à faire la vaisselle! crie un père à sa fille, Sarah. Qu'est-ce que tu fais?

- Je ne fais rien du tout, papa.

- Et toi que fais-tu? demande-t-il ensuite à son fils.

- J'aide Sarah...

QUELLES SONT LES TROIS LETTRES PRÉFÉRÉES DES MORTS?

RÉPONSE : G, V, Q (J'AI VÉCU...)

Mon premier est la 11ᵉ lettre de l'alphabet.

Mon second contient de la confiture.

Mon tout cache le moteur de la voiture.

QUEL EST LE COMBLE DE LA GÊNE POUR UNE COIFFEUSE?

RÉPONSE : C'EST DE FRISER LE RIDICULE...

QUEL EST LE COMBLE DE LA FRAYEUR POUR UN JARDINIER?

RÉPONSE : C'EST D'ÊTRE VERT DE PEUR.

Dans les grandes villes, certains
pensent qu'il y a quatre fois
plus de rats que d'humains...

En Israël, une femme a jeté
aux ordures un matelas sans savoir
que sa mère y avait caché près d'un
million de dollars! Elle voulait lui faire
une surprise en remplaçant son
vieux matelas...

CONNAIS-TU L'HISTOIRE DU FANTÔME DE LA CABANE EN BOIS ROND?

RÉPONSE : MOI NON PLUS. LA PORTE ÉTAIT FERMÉE.

POURQUOI LE MONSTRE A-T-IL MIS UNE SEMAINE AVANT DE FINIR SON LIVRE 100 BLAGUES! ET PLUS...?

RÉPONSE : IL N'AVAIT PAS TRÈS FAIM...

QU'Y A-T-IL DE PLUS DÉGOÛTANT QUE
DE TROUVER UN VER DANS SA POMME?

RÉPONSE : TROUVER LA MOITIÉ D'UN
VER DANS SA POMME...

QUEL EST LE COMBLE DU MALHEUR POUR
UNE POMME?

RÉPONSE : C'EST D'AVOIR TROP
DE PÉPINS...

Beau chien ou bon chien? On peut maintenant mesurer l'intelligence des chiens grâce à 12 tests simples conçus par un psychologue canadien.

Des chercheurs ont découvert qu'il est possible de mesurer le niveau de stress d'une personne en examinant la quantité de cortisol, l'hormone du stress, dans ses cheveux.

- Maman, est-ce que tu peux me donner 2 $ s'il te plaît?

- Tu veux encore de l'argent! Pour acheter quoi?

- C'est pour donner à l'homme que tu vois au coin de la rue.

- Oh! C'est très généreux de ta part! Voici 5 $, dit la maman, qui croit que sa fille veut donner de l'argent à un itinérant.

- Super! Merci maman! lance la jeune fille en se dirigeant vers le stand à hot dogs, au coin de la rue. Avec ça, je vais aussi pouvoir m'acheter un cornet de crème glacée!

Sur une autoroute de la Suisse, on ne met plus de sel quand il neige, mais du sucre à l'état liquide! Les tests réalisés en 2010 ont démontré que le sucre adhère mieux à la chaussée que le sel... Il est aussi plus écologique!

En route pour aller jouer au bingo, une femme explique à son amie :

- Je viens d'avoir 50 ans, mais je me sens si jeune!

Elle s'avance vers le guichet pour acheter sa carte de bingo. Elle tend son billet de 5 $ à un homme, qui lui remet deux cartes.

- Monsieur, vous faites erreur, je vous ai donné 5 $, ce qui me donne droit à une seule carte.

- Non madame, je n'ai pas fait erreur. On donne toujours deux cartes pour le prix d'une aux personnes de 60 ans et plus...

Mon premier est la seule note qui a un accent.

Mon deuxième est une syllabe du mot partisan qui est aussi dans mercantile.

Mon troisième est la somme de 60 et 40.

Mon tout est difficile à convaincre.

Tu as du mal à t'endormir? Surtout,
ne compte pas les moutons! C'est
beaucoup trop frustrant et ennuyant!
Des chercheurs soutiennent qu'il est
beaucoup plus efficace de visualiser
une scène relaxante, s'imaginer
sur une plage par exemple.

Un homme entre dans une boutique de débarras. Après en avoir fait le tour, il s'attarde sur une invention, une chaise spéciale qui permet de dépenser de l'énergie, et de perdre du poids, sans aucun effort physique.

- Je l'achète! dit l'homme, qui souffre d'embonpoint. Je suis un peu sceptique, mais à ce prix, ça vaut la peine d'essayer!

- J'ai consacré plus de 10 ans de ma vie à cette invention! explique la propriétaire de la boutique.

- C'est du beau boulot! complimente l'homme.

- Et oui... Il m'a fallu une semaine pour la fabriquer et 10 ans pour la vendre!

- Fais-moi une phrase avec sauce? demande Henri à Julien.

- J'adore les spaghettis.

- Il n'y a pas de sauce là-dedans!

- Bien sûr qu'il y en a!

- Où alors?

- C'est évident qu'elle est sur les spaghettis!

As-tu la bosse des maths?

QUELLE FORME SE FAIT TOUJOURS
LÉCHER LA FIGURE?

RÉPONSE : LE CÔNE!

COMBIEN FONT 2 ET 2?

RÉPONSE : 22.

Mon premier est un métal précieux.

Mon second est le contraire de mou.

Mon tout peut sentir mauvais.

● ●

Mon premier est le 5e mois de l'année.

Au baseball, quand on a trois de mon second, on retourne au banc.

Mon tout est une erreur.

Dans un secteur de Calgary, le service de la poste a été interrompu temporairement parce qu'un aigle attaquait la postière!

Une guide touristique d'Allemagne a décidé d'amener les touristes hors des sentiers battus... Elle offre une visite guidée des toilettes publiques de Berlin!

Mon premier roule sur des rails.

Mon second permet au bateau d'accoster.

Mon tout est synonyme de porter un toast.

• •

Mon premier est une période de 12 mois.

Mon deuxième est la partie du corps où se trouve le coude.

Mon troisième est une syllabe du mot sécher qui est aussi dans tricératops.

Mon tout est un signe d'amour ou d'affection.

Des chercheurs ont démontré que
la bonne humeur est contagieuse.
Elle se propage au sein d'un groupe de
personnes comme un virus! Le problème,
c'est que la mauvaise humeur aussi
est contagieuse...

- Qu'est-ce que tu fais avec tes jeans troués en camping? Tu vas te faire dévorer tout cru par les maringouins!

- C'est ta façon de voir les choses... Moi au moins, quand ça pique, je peux me gratter!

QUE FAIT MARC-ANDRÉ APRÈS AVOIR GAGNÉ TOUTES LES GRANDES COURSES AUTOMOBILES, LE CHAMPIONNAT DE BOXE ET CELUI DE TENNIS?

RÉPONSE : IL VEND SA CONSOLE DE JEUX VIDÉO.

À l'arrêt d'autobus...

- Salut! Il est vraiment chouette ton sac à dos! Comment t'appelles-tu? demande Martin.

- Céline.

- Enchanté de faire ta connaissance, Line, moi c'est Martin.

- C É... L I N E !

- Oui, Line... je ne suis pas sourd! dit Martin.

- Ce n'est PAS LINE!

- Aaah! Excuse-moi, Pauline... J'avais mal compris!

- Ce n'est pas Pauline. CÉLINE!

- Oh! Quoi encore?

- Céline.

- C'est ça que je te dis depuis le début, Line. Pas la peine de te fâcher!

On dit que le brocoli est très
bon pour le cerveau. Ne le dis surtout
pas à tes parents!

Mon premier sert à lever des matériaux sur le chantier.

Mon second est la journée avant aujourd'hui.

Mon tout est reconnaissable par ses trous.

. . . .

Dans un triple saut, on fait trois de mon premier.

Mon second est ce que tu obtiens en divisant une tarte en trois portions égales.

Mon tout est un plat traditionnel du Québec, mais plus spécialement de la région du lac Saint-Jean.

Un homme revient au travail après s'être absenté pendant une semaine.

- Étais-tu malade? s'informe son collègue.

- Pas moi, mais tout le monde ici avait le rhume. Je n'avais vraiment pas envie de l'attraper!

Pierre et Jean se promènent dans la rue Sainte-Catherine quand Pierre s'arrête devant une vitrine où il y a un miroir.

- Il me semble avoir déjà vu ce type quelque part...

- J'espère que tu le reconnais, parce que c'est toi!

Un médecin prend le pouls de son patient en mettant ses doigts sur son poignet.

- Magnifique! lance le médecin. Soixante battements par minute! Votre pouls est aussi régulier qu'une horloge.

- Ce n'est pas étonnant, réplique le patient. Votre doigt était sur le cadran de ma montre...

En France, il existe un camp de
vacances pour chiens et chats. Décor
accueillant, salon de toilettage, bref,
il y a tout ce qu'il faut pour que les
animaux se sentent comme à la maison
(ou mieux). Les maîtres doivent
débourser plus de 14 $ par jour pour
un chat et plus de 22 $ pour un chien.

Une femme entre dans une boutique et choisit un manteau en fausse fourrure. Elle va à la caisse et présente une liasse d'argent de Monopoly.

- Madame, il faut me payer avec des vrais dollars!

- Le manteau est en fausse fourrure... Alors je vous paye avec des faux billets! À quoi vous attendiez-vous?

Petits problèmes de maths...

Un élève remet son test de maths à son enseignante sans avoir répondu aux questions.

- Pourquoi n'as-tu pas répondu aux questions?

- J'ai répondu aux questions.

- Mais non, il n'y a rien d'écrit!

- Sur ce point vous avez raison. C'est que j'ai fait du calcul mental...

À Saint-Louis, dans l'État du Missouri
aux États-Unis, un groupe rock fort
populaire a interrompu son concert
après seulement trois chansons. Des
pigeons avaient pris la scène d'assaut,
laissant tomber leurs crottes sur les
membres du groupe...

VRAI OU FOU?

Une russule est un bouton purulent causé par une infection de la peau.

Vermiforme se dit de quelque chose qui a la forme d'un ver.

Un gaperon est une plante insectivore qui se nourrit principalement de pucerons.

À Montréal, si votre toutou a envie de
boire à une fontaine ou de se rafraîchir
dans une pataugeoire, retenez-le!
L'amende est de 100 $.

As-tu la bosse des maths?

POURQUOI LA FRACTION N'A-T-ELLE PAS
RÉUSSI SON TEST DE MATHS?

RÉPONSE : ELLE A COMPLÉTÉ SEULEMENT
LA MOITIÉ DU TEST...

POURQUOI GASTON A-T-IL MANGÉ
SON TEST DE MATHS?

RÉPONSE : SON PROF AVAIT DIT QUE
C'ÉTAIT DE LA TARTE!

POURQUOI MADAME CUBE ACHÈTE-T-ELLE AUTANT DE MAQUILLAGE?

RÉPONSE : IL EN FAUT BEAUCOUP POUR COUVRIR SES SIX FACES!

Sais-tu que plus un objet tombe moins vite, moins sa vitesse est plus grande?

Comment appelle-t-on un rat
qui vit dans un lit?

Réponse : Un ravioli.

SASHA
7 ANS

En Chine, sur l'autoroute reliant Pékin au Tibet, un embouteillage monstre a duré des jours! Plus de 10 000 véhicules étaient bloqués sur une distance d'environ 120 km!

Mon premier est synonyme de cochon.

Mon deuxième est un pronom personnel sujet.

Mon troisième est ce que respirent les êtres vivants.

Mon tout concerne la navigation.

Mathieu se promène en voiture avec sa grand-mère. Cette dernière lui demande :

- Veux-tu de la gomme?

- Oui! Merci! répond Mathieu. Que fais-tu grand-mère?

- Je mâche ma gomme! Je mâche ma gomme!

Plus tard, Mathieu redemande à sa grand-mère :

- Que fais-tu grand-mère?

- Je mâche ma gomme! Je mâche ma gomme! répond-elle encore.

À ce moment-là, la voiture fait une embardée et s'enfonce dans un fossé. Mathieu s'évanouit. Lorsqu'il se réveille, il est un peu abasourdi. Il demande à sa grand-mère :

- Que fais-tu grand-mère?

- Je cherche ma gomme! Je cherche ma gomme!

DANIKA, 9 ANS
NIGADOO, NOUVEAU-
BRUNSWICK

Mon premier est le contraire
de pas assez.

Mon second met le présent
sous l'oreiller des enfants qui
perdent une dent.

Mon tout récompense la
victoire.

• •

Avec une aiguille et mon
premier, on peut coudre.

Mon second est le 5e mois de
l'année.

Mon tout permet de garder
des souvenirs.

Un agriculteur cubain dit avoir été frappé à cinq reprises par la foudre. Chaque fois, il s'en est tiré avec des blessures mineures.

Mon premier est magnifique lorsqu'il fait la roue.

Mon second permet de broyer les aliments.

Mon tout se passe en même temps...

Après la classe, Geneviève va voir son enseignante et lui demande :

— Madame, pouvez-vous me dire ce que nous avons fait aujourd'hui?

— Tu me poses une question bien étrange, Geneviève...

— Je suis de votre avis. Vous devriez le dire à ma mère parce qu'elle me la pose tous les soirs après l'école...

Rogers s'arrête dans une halte routière pour aller aux toilettes. À peine est-il assis sur la toilette qu'un homme, dans la toilette voisine, commence à parler.

– Salut, ça va? dit-il.

– Euh... Ça va, répond Roger, qui trouve la situation gênante.

– Que fais-tu? reprend l'homme.

– Eh bien, la même chose que toi ! Ça se sent, non? répond encore Roger.

– Viens-tu voir le match de hockey avec moi, ce soir? continue l'homme.

– Vous exagérez! Vous ne me connaissez même pas et vous voulez que j'aille au hockey avec vous! crie Roger, exaspéré.

– Je vais te rappeler plus tard, ma chérie. Je suis dans une toilette publique et le gars à côté de moi pense que je lui parle... Le nul, il croit que c'est lui que je veux inviter au hockey!

- J'aimerais acheter de bonnes chaussures pour faire de la marche.
- J'ai ce qu'il vous faut! Celles-ci sont jolies, confortables et durables en plus! Prenez le temps de bien les essayer et vous m'en donnerez des nouvelles.

QUELLES LETTRES EN ONT RAS-LE-BOL?

RÉPONSE : AC (ASSEZ)

QUELLES SONT LES LETTRES LES PLUS PRATIQUES EN VOITURE?

RÉPONSE : GPS

Lors d'une course de kayaks aux États-Unis, une carpe d'environ 13 kg a bondi hors de l'eau frappant un kayakiste à la tête. La victime, qui était le favori, a dû abandonner la course, car il avait trop mal à la tête...

QUELLES SONT LES LETTRES QUI PLEURENT TOUT LE TEMPS?

RÉPONSE : B B (BÉBÉ)

QUELLES SONT LES LETTRES LES PLUS CRÉATIVES?

RÉPONSE : I D (IDÉE)

PHILIPPE
TORONTO, ONTARIO

Connaissez-vous le régime bananes?
Manger beaucoup de bananes
favoriserait la perte de poids.
Certains adeptes ne mangent que des
bananes pendant quelques jours,
histoire de perdre rapidement
quelques kilos en trop!

Une personne pète environ
13 fois par jour.

Mon premier est une note de musique.

Mon deuxième est l'abréviation de numéro,

Mon troisième est la 5e lettre de l'alphabet en commençant par la fin.

Mon tout est l'action de réparer ou de moderniser un logis.

QUELLE EST LA DIFFÉRENCE ENTRE LA PLANÈTE JUPITER ET HENRIETTE?

RÉPONSE : AUCUNE. LES DEUX SONT PLEINES DE GAZ...

Si un marathon de 42 km n'est plus un défi pour toi, cours un ultra marathon! C'est une course dont la distance peut être de 50 km, de 100 km et même de 200 km! De plus, certains aiment participer pieds nus!

La vie du bon côté...

Virginie revient au travail après une semaine de camping.

- As-tu aimé ta première expérience de camping? lui demande Stéphanie.

- C'était bien. Il a plu une seule fois...

- Tu en as de la chance parce qu'ici il a fait plutôt mauvais!

- C'est qu'il a plu une fois, mais ça a duré toute la semaine...

L'autopsie d'une autruche qui vivait en captivité au zoo de Londres a permis de faire d'étonnantes découvertes. Dans son estomac, on a trouvé, entre autres choses, trois gants, un réveil, quelques pièces de monnaie et une corde de près d'un mètre!

QUELLE EST LA DIFFÉRENCE ENTRE UNE VENDEUSE ET UNE MENTEUSE?

RÉPONSE : LA PREMIÈRE ET LA QUATRIÈME LETTRE.

QUELLE EST LA DIFFÉRENCE ENTRE UN MENTEUR ET UN FACTEUR?

RÉPONSE : UNE SYLLABE.

- Pourquoi mets-tu de l'insecticide sur tes jambes en plein mois de février? demande un homme à sa femme.

- J'ai des fourmis dans les jambes...

QUELLES LETTRES SONT MAUVAISES POUR LA PEAU?

RÉPONSE : UV (RAYONS ULTRAVIOLETS)

En 2005, un Russe a fait un voyage de près de 22 000 km en tracteur! Il lui a fallu moins de quatre mois pour faire son périple.

Dans certaines régions du Québec, il est possible d'assister à des courses de tracteurs à gazon... sur glace!

Mon premier est le contraire de court.

Mon deuxième est la 10e lettre de l'alphabet.

Mon troisième est au milieu de la route.

Mon tout peut se dire d'une personne grande et mince.

QUEL EST LE COMBLE POUR UN ROI?

RÉPONSE : C'EST D'AVOIR MAL AU PALAIS.

Un Français a donné
94 baisers en une minute!

Il n'y a pas deux langues pareilles!
On pourrait se servir d'une empreinte
de la langue pour identifier quelqu'un,
comme on le fait avec les
empreintes des doigts.

Mon premier est à la fin de la phrase.

Mon second est un pronom personnel sujet à la deuxième personne du singulier.

Mon tout pique.

• •

Mon premier est un synonyme de rangée.

Mon deuxième est un récipient pour boire.

Mon troisième est la 2ᵉ consonne de l'alphabet.

Mon tout est un acte de maladresse.

QUEL EST LE COMBLE DE L'ÉPUISEMENT POUR UN PEINTRE EN BÂTIMENT?

RÉPONSE : C'EST D'ÊTRE AU BOUT DU ROULEAU.

- J'ai donné mon premier concert de piano hier, dit Philippe.

- Comment ça s'est passé?

- Mal. Quand je me suis assis, tous les spectateurs ont pouffé de rire.

- Tu as fait une fausse note ou quoi?

- Non. Il n'y avait pas de banc...

Lors d'un éternuement, l'air peut être expulsé à plus de 100 km/h. Si quelqu'un près de toi n'a pas le temps de se couvrir la bouche et le nez en éternuant, à toi d'éviter l'impact...

QUEL EST LE COMBLE DE LA GÊNE POUR UNE COUTURIÈRE?

RÉPONSE : C'EST DE PERDRE LE FIL DE LA CONVERSATION.

QU'EST-CE QUI MARCHE ET NE MARCHE PLUS, QUI MARCHE ET NE MARCHE PLUS, QUI MARCHE ET NE MARCHE PLUS?

RÉPONSE : LE CLIGNOTANT D'UNE VOITURE.

Mourir de sommeil, c'est possible!
On dit qu'un humain ne pourrait pas
survivre plus de 11 jours sans dormir.
Après 11 jours, il s'endormirait,
mais ne se réveillerait plus...

- Bonjour, madame. Avez-vous vu des policiers?

- Non. D'ailleurs, vous n'en verrez pratiquement jamais dans le coin. C'est très tranquille ici, monsieur.

- Alors, est-ce que vous avez un téléphone?

- J'espère que ce n'est pas pour une urgence parce que je n'en ai pas...

- Non, c'est parfait! Maintenant, donnez-moi votre sac à main!

À Moscou, quelques jours après la rentrée scolaire 2010, on pouvait voir des chevaux blancs couverts de bandes de peinture noire à plusieurs intersections. Ces faux zèbres avaient pour but d'encourager les enfants à traverser les rues aux endroits prévus.

Pour montrer à la belle Émilie qu'il est brave, Bertrand a l'idée d'enlever l'os au chien du voisin, un méchant doberman. Tout de suite, le chien montre les crocs et se met à poursuivre Bertrand, qui court à toutes jambes autour de sa maison.

- Cours, Bertrand, le chien est en train de te rattraper! Plus vite!, lance Émilie.

- Ne crains rien, ma belle, j'ai un tour d'avance...

Fais-nous rire!

Envoie-nous ta meilleure blague.
Qui sait? Elle pourrait être publiée dans
un prochain numéro des
100 BLAGUES! ET PLUS...

100 Blagues! et plus...
Éditions Scholastic
604, rue King Ouest
Toronto (Ontario)
M5V 1E1

Au plaisir de te lire!

Solutions

VRAI OU FOU?

Page 19

1- Vrai.

2- Fou. C'est une sorte de champignon.

3 - Vrai.

Page 70

1- Fou. C'est une sorte de champignon.

2- Vrai.

3- Fou. Un gaperon est un fromage aromatisé à l'ail.